기억의 힘으로 뇌를 깨우다

읽고 채워넣는 명작동요

기억의 힘으로 뇌를 깨우다
읽고 채워넣는 명작동요

초판 1쇄 인쇄일 2024년 9월 20일
초판 1쇄 발행일 2024년 9월 25일

엮은이 | 서미경
펴낸이 | 장재수
기   획 | 김익현
마케팅 | 류철희
편   집 | 빅픽처

펴낸곳 | (주)화엄북스 / 피트웰
등록번호 | 제2023-983191호
판매처 | (주)화엄북스
주   소 | 경기도 일산동구 노첨길 56번길 63-9
전   화 | (031) 901-9755
팩   스 | (031) 901-9766
이메일 | fitwellbook@naver.com
제작처 | (주)성일다이어리

ISBN 979-11-977514-9-3   13710
정가 15,000원

기억의 힘으로 뇌를 깨우다!

아|이|와|함|께|하|는|두|뇌|운|동

읽고 채워넣는 명작동요

서미경 엮음

시니어헬스케어 – 피트웰

머리말

이 책은 아이들과 함께 동요를 읽고 빈칸에 맞는 가사를 써넣을 수 있습니다.

수록된 동요는 부모님 세대가 어릴 적 즐겁게 노래한 곡으로 엄선하였습니다.

동요를 읽고 쓰면서 옛추억을 아이들과 함께 공유하면서 그 아름다움에 감정을 이입하면,

정서적 안정과 인지능력 향상은 물론 사고력 발전에도 도움이 됩니다.

빈칸 채워넣기와 숨은 그림찾기는 소근육 발달과 인지, 시지각, 뇌기능을 활성화하여

학습능력과 창의성을 자극하고 우리의 뇌에 다양한 긍정적 영향을 끼칩니다.

이 책으로 아이들과 함께 꾸준히 읽기와 쓰기를 반복하고 실행하는 것이 뇌건강을 지키며

더욱 자유롭고 행복한 삶을 영위하는 방법이 아닐까 생각합니다.

피트웰 편집부 일동

이 책의 구성과 사용법

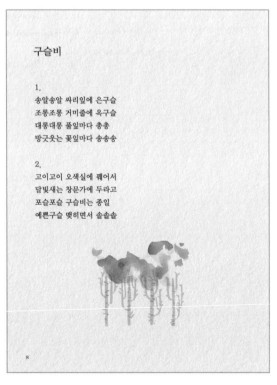

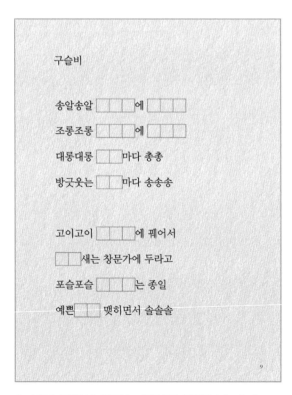

1. 동요를 천천히 읽어보면서 흥겹게 노래합니다.　　2. 네모 빈칸에 알맞는 단어를 채워넣습니다.

차
례

섬집 아이

1.
엄마가 섬 그늘에 굴 따러 가면
아기가 혼자 남아 집을 보다가
바다가 불러주는 자장 노래에
팔 베고 스르르르 잠이 듭니다

2.
아기는 잠을 곤히 자고 있지만
갈매기 울음 소리 맘이 설레어
다 못 찬 굴바구니 머리에 이고
엄마는 모랫길을 달려 옵니다

섬집 아이

섬집 아이

엄마가 ☐ 그늘에 ☐ 따러 가면

☐☐가 혼자 남아 ☐을 보다가

☐☐가 불러주는 ☐☐ 노래에

☐ 베고 스르르르 ☐이 듭니다

☐☐는 잠을 곤히 자고 있지만

☐☐☐ 울음 소리 ☐이 설레어

다 못 찬 ☐☐☐☐ 머리에 이고

엄마는 ☐☐☐을 달려 옵니다

구슬비

1.
송알송알 싸리잎에 은구슬
조롱조롱 거미줄에 옥구슬
대롱대롱 풀잎마다 총총
방긋웃는 꽃잎마다 송송송

2.
고이고이 오색실에 꿰어서
달빛새는 창문가에 두라고
포슬포슬 구슬비는 종일
예쁜구슬 맺히면서 솔솔솔

구슬비

송알송알 ☐☐ 에 은구슬

조롱조롱 ☐☐ 에 옥구슬

대롱대롱 ☐ 마다 총총

방긋웃는 ☐ 마다 송송송

고이고이 ☐☐ 에 꿰어서

☐ 새는 창문가에 두라고

포슬포슬 ☐☐ 는 종일

☐ 구슬 맺히면서 솔솔솔

나뭇잎 배

1.
낮에 놀다 두고 온 나뭇잎 배는
엄마 곁에 누워도 생각이 나요
푸른 달과 흰 구름 둥실 떠 가는
연못에서 사알살 떠 다니겠지

2.
연못에다 띄워 논 나뭇잎 배는
엄마 곁에 누워도 생각이 나요
살랑 살랑 바람에 소근거리는
갈잎새를 혼자서 떠 다니겠지

나뭇잎 배

☐에 놀다 두고 온 ☐☐ 배는

☐☐ 곁에 누워도 ☐☐이 나요

푸른 ☐과 흰 ☐☐ 둥실 떠 가는

☐☐에서 사알살 떠 다니겠지

☐☐에다 띄워 논 나뭇잎 ☐는

☐☐ 곁에 누워도 ☐☐이 나요

살랑 살랑 ☐☐에 소근거리는

☐☐☐를 혼자서 떠 다니겠지

두 그림을 보고 다른 그림 10개를 찾아보세요.

등대지기

1
얼어 붙은 달 그림자 물결 위에 차고
한 겨울의 거센 파도 모으는 작은 섬
생각하라 저 등대를 지키는 사람의
거룩하고 아름다운 사랑의 마음을

2
바람소리 울부짖는 어두운 바다에
깜박이며 지새이는 기나긴 밤하늘
생각하라 저 등대를 지키는 사람의
거룩하고 아름다운 사랑의 마음을

등대지기

얼어 붙은 ☐ 그림자 ☐☐ 위에 차고

한 ☐☐의 거센 ☐☐ 모으는 작은 ☐

생각하라 저 ☐☐를 지키는 ☐☐의

거룩하고 아름다운 ☐☐의 ☐☐을

☐☐☐☐ 울부짖는 어두운 ☐☐에

깜박이며 지새이는 기나긴 ☐☐☐

☐☐하라 저 ☐☐를 지키는 사람의

거룩하고 ☐☐☐☐ 사랑의 마음을

엄마야 누나야

엄마야 누나야 강변 살자
뜰에는 반짝이는 금모래빛
뒷문 밖에는 갈잎의 노래
엄마야 누나야 강변 살자

엄마야 누나야

엄마야 누나야

엄마야 누나야 ☐☐ 살자

☐에는 반짝이는 ☐☐☐☐

☐☐ 밖에는 ☐☐의 노래

☐☐야 ☐☐야 강변 살자

엄마야 누나야

반달

1.

푸른하늘 은하수 하얀 쪽배엔
계수나무 한나무 토끼 한마리
돛대도 아니달고 삿대도 없이
가기도 잘도 간다 서쪽 나라로

2.

은하수를 건너서 구름 나라로
구름 나라 지나선 어디로 가나
멀리서 반짝반짝 비치이는 건
샛별이 등대란다 길을 찾아라

반달

반달

푸른하늘 ☐☐☐ 하얀 ☐☐엔

☐☐☐☐ 한나무 ☐☐ 한마리

☐☐도 아니달고 ☐☐도 없이

가기도 잘도 간다 ☐☐ ☐☐로

☐☐☐를 건너서 ☐☐ 나라로

☐☐☐☐ 지나선 어디로 가나

멀리서 ☐☐☐☐ 비치이는 건

☐☐이 ☐☐란다 ☐을 찾아라

두 그림을 보고 다른 그림 10개를 찾아보세요.

파란마음 하얀마음

1.

우리들 마음에 빛이 있다면
여름엔 여름엔 파랄 거에요
산도 들도 나무도 파란 잎으로
파랗게 파랗게 덮인 속에서
파아란 하늘보고 자라니까요

2.

우리들 마음에 빛이 있다면
겨울엔 겨울엔 하얄 거에요
산도 들도 지붕도 하얀 눈으로
하얗게 하얗게 덮인 속에서
깨끗한 마음으로 자라니까요

파란마음 하얀마음

우리들 □□에 □이 있다면

□□엔 □□엔 파랄 거에요

□도 □도 □□도 파란 잎으로

파랗게 □□□ 덮인 속에서

파아란 □□ 보고 자라니까요

우리들 □□에 □이 있다면

□□엔 □□엔 하얄 거에요

□도 □도 □□도 하얀 눈으로

하얗게 □□□ 덮인 속에서

깨끗한 □□으로 자라니까요

파란나라

1.

파란 나라를 보았니 꿈과 사랑이 가득한
파란 나라를 보았니 천사들이 사는 나라
파란 나라를 보았니 맑은 강물이 흐르는
파란 나라를 보았니 울타리가 없는 나라

2.

난~찌루찌루의 파랑새를 알아요~
난~안데르센도 알고요~
저~무지개 넘어~파란나라 있나요~
저~파란하늘 끝에~거기 있나요

파란나라

파란 나라를 보았니 ☐과 ☐☐이 가득한

파란 나라를 보았니 ☐☐들이 사는 나라

파란 나라를 보았니 맑은 ☐☐이 흐르는

파란 나라를 보았니 ☐☐☐가 없는 나라

난~찌루찌루의 ☐☐☐를 알아요~

난~☐☐☐☐도 알고요~

저~☐☐☐ 넘어~☐☐☐☐ 있나요~

저~파란 ☐☐☐에~거기 있나요

아기염소

파란 하늘 파란 하늘 꿈이 드리운

푸른 언덕에

아기 염소 여럿이 풀을 뜯고 놀아요

해처럼 밝은 얼굴로

빗방울이 뚝뚝뚝뚝 떨어지는 날에는

잔뜩 찡그린 얼굴로

엄마 찾아 음매 아빠 찾아 음매

울상을 짓다가

해가 반짝 곱게 피어나면

너무나 기다렸나봐

폴짝폴짝 콩콩콩 흔들흔들 콩콩콩

신나는 아기 염소들

아기염소

파란 하늘 파란 하늘 ☐이 드리운

푸른 ☐☐에

아기 ☐☐ 여럿이 ☐을 뜯고 놀아요

☐처럼 밝은 ☐☐로

☐☐☐이 뚝뚝뚝뚝 떨어지는 날에는

잔뜩 찡그린 ☐☐로

☐☐ 찾아 음매 ☐☐ 찾아 음매

☐☐을 짓다가

☐가 반짝 곱게 피어나면

☐☐☐ 기다렸나봐

폴짝 ☐☐ 콩콩콩 흔들 ☐☐ 콩콩콩

신나는 ☐☐☐☐들

두 그림을 보고 다른 그림 10개를 찾아보세요.

꼬까신

1.
개나리 노란 꽃그늘아래
가지런히 놓여있는 꼬까신하나
아기는 사알짝 신 벗어 놓 - 고
맨발로 한들한들 나들이 갔나
가지런히 기다리는 꼬까신 하나

〈반복〉
개나리 노란 꽃그늘아래
가지런히 놓여있는 꼬까신하나
아기는 사알짝 신 벗어 놓 - 고
맨발로 한들한들 나들이 갔나
가지런히 기다리는 꼬까신 하나

꼬까신

□□□ 노란 꽃그늘아래

가지런히 놓여있는 □□□ 하나

□□ 는 사알짝 □ 벗어 놓 – 고

□□ 로 한들한들 □□□ 갔나

가지런히 기다리는 □□□ 하나

개나리 노란 □□□ 아래

가지런히 놓여있는 □□□ 하나

아기는 □□□ 신 벗어 놓 – 고

맨발로 □□□□ 나들이 갔나

□□□□ 기다리는 꼬까신 하나

산바람 강바람

1.

산 위에서 부는 바람 서늘한 바람
그 바람은 좋은 바람 고마운 바람
여름에 나뭇꾼이 나무를 할 때
이마에 흐른 땀을 씻어준대요

2.

강가에서 부는 바람 시원한 바람
그 바람도 좋은 바람 고마운 바람
사공이 배를 젓다 잠이 들어도
저 혼자 나룻배를 저어 간대요

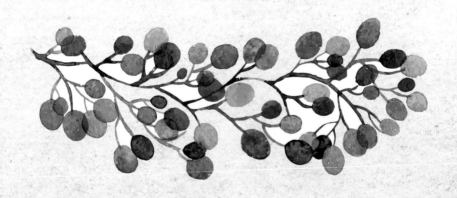

산바람 강바람

□ 위에서 부는 □□ 서늘한 □□

그 바람은 □□ 바람 □□□ 바람

□□ 에 나뭇꾼이 □□ 를 할 때

□□ 에 흐른 □ 을 씻어준대요

□□ 에서 부는 바람 □□□ 바람

그 바람도 좋은 □□ 고마운 □□

□□ 이 배를 젓다 □ 이 들어도

저 혼자 □□□ 를 저어 간대요

꽃밭에서

1.

아빠하고 나하고 만든 꽃밭에
채송화도 봉숭아도 한창입니다
아빠가 매어 놓은 새끼줄 따라
나팔꽃도 어울리게 피었습니다

2.

애들하고 재밌게 뛰어 놀다가
아빠 생각 나서 꽃을 봅니다
아빠는 꽃 보며 살자 그랬죠
날 보고 꽃 같이 살자 그랬죠

꽃밭에서

꽃밭에서

☐☐ 하고 나하고 만든 ☐☐ 에

☐☐☐ 도 봉숭아도 한창입니다

아빠가 매어 놓은 ☐☐☐ 따라

☐☐☐ 도 어울리게 피었습니다

애들하고 ☐☐☐ 뛰어 놀다가

☐☐ 생각 나서 ☐ 을 봅니다

아빠는 꽃 보며 ☐☐ 그랬죠

날 보고 ☐ 같이 ☐☐ 그랬죠

두 그림을 보고 다른 그림 10개를 찾아보세요.

산넘어 남촌에는

1.
산 너머 남촌에는 누가 살길래
해마다 봄바람이 남으로 오네
꽃피는 사월이면 진달래 향기
밀 익는 오월이면 보리 내음새
어느 것 한 가진들 실어 안 오리
남촌서 남풍 불 제 나는 좋데나

2.
산 너머 남촌에는 누가 살길래
저 하늘 저 빛깔이 저리 고울까
금잔디 너른 벌엔 호랑나비떼
버들밭 실개천엔 종달새 노래
어느 것 한 가진들 들려 안 오리
남촌서 남풍 불 제 나는 좋데나

산넘어 남촌에는

산 너머 [ ][ ]에는 누가 살길래

해마다 [ ][ ][ ]이 남으로 오네

꽃피는 사월이면 [ ][ ][ ] 향기

밀 익는 오월이면 [ ][ ] 내음새

어느 것 [ ] 가진들 실어 안 오리

남촌서 [ ][ ] 불 제 나는 좋데나

[ ] 너머 남촌에는 누가 살길래

저 [ ][ ] 저 [ ][ ]이 저리 고울까

[ ][ ][ ] 너른 벌엔 호랑나비떼

버들밭 실개천엔 [ ][ ][ ] 노래

[ ][ ] 것 한 가진들 들려 안 오리

[ ][ ]서 남풍 불 [ ] 나는 좋데나

41

봉선화

1.

울밑에 선 봉선화야 네 모양이 처량하다
길고 긴 날 여름철에 아름답게 꽃필 적에
어여쁘신 아가씨들 너를 반겨 놀았도다

2.

어언간에 여름 가고 가을바람 솔솔 불어
아름다운 꽃송이를 모질게도 침노하니
낙화로다 늙어졌다 네 모양이 처량하다

3

북풍한설 찬바람에 네 형체가 없어져도
평화로운 꿈을 꾸는 너의 혼이 예 있나니
화창스런 봄바람에 환생키를 바라노라

봉선화

울밑에 선 ☐☐☐야 네 모양이 처량하다

길고 긴 날 ☐☐☐에 아름답게 꽃필 적에

어여쁘신 ☐☐☐들 너를 반겨 놀았도다

어언간에 ☐☐ 가고 ☐☐☐☐ 솔솔 불어

아름다운 ☐☐☐를 모질게도 침노하니

☐☐로다 늙어졌다 네 ☐☐이 처량하다

☐☐☐☐ 찬바람에 네 형체가 없어져도

평화로운 ☐을 꾸는 너의 ☐이 예 있나니

화창스런 ☐☐☐에 환생키를 바라노라

43

얼굴

1.

동그라미 그리려다 무심코 그린 얼굴
내 마음 따라 피어나던 하얀 그때 꿈을
풀잎에 연 이슬처럼 빛나던 눈동자
동그랗게 동그랗게 맴돌다 가는 얼굴

2.

동그라미 그리려다 무심코 그린 얼굴
무지개 따라 올라갔던 오색빛 하늘 나래
구름 속에 나비처럼 나르던 지난 날
동그랗게 동그랗게 맴돌다 가는 얼굴

얼굴

얼굴

동그라미 그리려다 ☐☐☐ 그린 얼굴

내 ☐☐ 따라 피어나던 하얀 그때 ☐을

☐☐에 연 ☐☐처럼 빛나던 눈동자

동그랗게 동그랗게 맴돌다 가는 ☐☐

☐☐☐☐ 그리려다 무심코 그린 얼굴

☐☐☐ 따라 올라갔던 오색빛 하늘 나래

☐☐ 속에 ☐☐처럼 나르던 지난 날

동그랗게 동그랗게 ☐☐☐ 가는 얼굴

조개껍질

아롱아롱 조개껍대기
울 언니 바닷가에서
주워 온 조개껍대기

여긴 여인 북쪽 나라요
조개는 귀여운 선물
장난감 조개껍대기

데굴데굴 굴리며 놀다
짝 잃은 조개껍대기
한 짝을 그리워하네

아롱아롱 조개껍대기
나처럼 그리워하네
물소리 바닷물 소리

조개껍질

아롱아롱 ☐☐껍대기 울 언니 ☐☐☐에서

주워 온 조개☐☐☐

여긴 여인 ☐☐ 나라요 조개는 귀여운 ☐☐

☐☐☐ 조개껍대기

☐☐데굴 굴리며 놀다 ☐ 잃은 조개껍대기

한 ☐을 그리워하네

☐☐아롱 조개껍대기 ☐처럼 그리워하네

물소리 ☐☐☐소리

꽃동네 새동네

뜰 아래 반짝이는 햇살같이
창가에 속삭이는 별빛같이
반짝이는 마음들이 모여삽니다
오손도손 속삭이며 살아갑니다
비바람이 불어도 꽃이 피듯이
어려움 속에서도 꿈은 있지요
웃음이 피어나는 새동네 꽃동네
행복이 번져가는 꽃동네 새동네

꽃동네 새동네

꽃동네 새동네

⬜ 아래 반짝이는 ⬜⬜ 같이

⬜⬜ 에 속삭이는 ⬜⬜ 같이

반짝이는 ⬜⬜ 들이 모여삽니다

⬜⬜⬜⬜ 속삭이며 살아갑니다

⬜⬜⬜ 이 불어도 꽃이 피듯이

어려움 속에서도 ⬜ 은 있지요

⬜⬜ 이 피어나는 새동네 ⬜⬜⬜

⬜⬜ 이 번져가는 꽃동네 새동네

아빠의 얼굴

1.
어젯밤 꿈속에 나는 나는 날개 달고
구름보다 더 높이 올라 올라 갔지요
무지개 동산에서 놀고 있을 때
이리저리 나를 찾는 아빠의 얼굴
무지개 동산에서 놀고 있을 때
이리저리 나를 찾는 아빠의 얼굴

2.
푸른 들 벌판에 나는 나는 말을 타고
바람보다 더 빨리 달려 달려 갔지요
어린이 동산에서 놀고 있을 때
이리저리 나를 찾는 아빠의 얼굴
어린이 동산에서 놀고 있을 때
이리저리 나를 찾는 아빠의 얼굴

아빠의 얼굴

어젯밤 ☐☐에 나는 나는 ☐☐ 달고

☐☐보다 더 높이 ☐☐ 올라 갔지요

무지개 ☐☐에서 놀고 있을 때

이리저리 나를 찾는 ☐☐의 얼굴

☐☐☐ 동산에서 놀고 있을 때

이리저리 나를 찾는 아빠의 ☐☐

푸른 들 ☐☐에 나는 나는 ☐을 타고

☐☐보다 더 빨리 달려 달려 갔지요

어린이 ☐☐에서 놀고 있을 때

이리저리 ☐를 찾는 아빠의 ☐☐

어린이 ☐☐에서 놀고 있을 때

이리저리 ☐를 찾는 ☐☐의 얼굴

두 그림을 보고 다른 그림 10개를 찾아보세요.

퐁당퐁당

1.

퐁당퐁당 돌을 던지자 누나 몰래 돌을 던지자
냇물아 퍼져라 널리 널리 퍼져라
건너편에 앉아서 나물을 씻는
우리 누나 손등을 간질여 주어라

2.

퐁당퐁당 돌을 던지자 누나 몰래 돌을 던지자
냇물아 퍼져라 퍼질 대로 퍼져라
고운 노래 한 마디 들려 달라고
우리 누나 손등을 간질여 주어라

퐁당퐁당

퐁당퐁당 ☐을 던지자 누나 몰래 ☐을 던지자

☐☐아 퍼져라 ☐☐ 널리 퍼져라

☐☐☐에 앉아서 ☐☐을 씻는

우리 ☐☐ 손등을 간질여 주어라

퐁당퐁당 돌을 던지자 ☐☐ 몰래 돌을 던지자

냇물아 퍼져라 ☐☐ ☐☐ 퍼져라

고운 ☐☐ 한 마디 들려 달라고

우리 누나 ☐☐을 간질여 주어라

시냇물

시냇물에 발을 담그면
시원하고 참 좋아요
맑고 깨끗한 시냇물에는
고기도 정말로 많아요

졸졸졸졸 흐르고 있는
시냇물 따라 걸어요
계곡을 따라 흘러내리는
시냇물 구경을 해봐요

개울이나 골짜기에서
작은 물줄기 흐르죠
상쾌해지는 소리 들으며
두 손에 시냇물 담궈요

시냇물

☐☐☐에 발을 담그면 시원하고 참 좋아요

맑고 깨끗한 ☐☐☐에는

☐☐도 정말로 많아요

☐☐☐☐ 흐르고 있는 시냇물 따라 걸어요

☐☐을 따라 흘러내리는

시냇물 ☐☐을 해봐요

개울이나 ☐☐☐에서 작은 ☐☐☐ 흐르죠

상쾌해지는 ☐☐ 들으며

두 손에 ☐☐☐ 담궈요

진주 조개잡이

새파란 수평선 흰구름 흐르는
오늘도 즐거워라 조개잡이 가는 처녀들
흥겨운 젊은날의 콧노래로 발을 맞추며
부푸는 가슴마다 꿈을 담고 파도를 넘어

새파란 수평선 흰구름 흐르는
오늘도 즐거워라 조개잡이 가는 처녀들

진주 조개잡이

새파란 [ ][ ][ ] 흰구름 흐르는

오늘도 즐거워라 [ ][ ][ ][ ] 가는 [ ][ ][ ]

흥겨운 젊은날의 [ ][ ][ ]로 [ ]을 맞추며

부푸는 [ ][ ]마다 [ ]을 담고 [ ][ ]를 넘어

새파란 [ ][ ][ ] 흰구름 흐르는

오늘도 즐거워라 [ ][ ][ ][ ] 가는 [ ][ ][ ]

햇볕은 쨍쨍

1.

햇볕은 쨍쨍 모래알은 반짝
모래알로 떡해 놓고 조약돌로 소반 지어
언니 누나 모셔다가 맛있게도 냠냠

2.

햇볕은 쨍쨍 모래알은 반짝
호미들고 괭이 메고 뻗어가는 메를 캐어
엄마 아빠 모셔다가 맛있게도 냠냠

햇볕은 쨍쨍

햇볕은 쨍쨍

햇볕은 쨍쨍 ☐☐☐은 반짝

모래알로 떡해 놓고 ☐☐☐로 소반 지어

☐☐ ☐☐ 모셔다가 맛있게도 냠냠

햇볕은 ☐☐ 모래알은 ☐☐

☐☐ 들고 ☐☐ 메고 뻗어가는 메를 캐어

☐☐ ☐☐ 모셔다가 맛있게도 냠냠

올챙이와 개구리

개울가에 올챙이 한 마리
꼬물꼬물 헤엄치다
뒷다리가 쑥 앞다리가 쑥
팔딱팔딱 개구리 됐네
꼬물꼬물 꼬물꼬물
꼬물꼬물 올챙이가
뒷다리가 쑥 앞다리가 쑥
팔딱팔딱 개구리 됐네

올챙이와 개구리

☐☐☐에 올챙이 한 마리

꼬물☐☐ 헤엄치다

☐☐☐가 쑥 앞다리가 쑥

팔딱팔딱 ☐☐☐ 됐네

꼬물꼬물 ☐☐☐☐

꼬물꼬물 ☐☐☐가

뒷다리가 쑥 ☐☐☐가 쑥

☐☐☐☐ 개구리 됐네

꼬부랑 할머니

꼬부랑 할머니가 꼬부랑 고갯길을
꼬부랑 꼬부랑 넘어가고 있네
꼬부랑 꼬부랑 꼬부랑 꼬부랑
고개는 열두 고개 고개를 고개를 넘어간다

꼬부랑 할머니가 꼬부랑 길에 앉아
꼬부랑 엿가락을 살며시 꺼냈네
꼬부랑 꼬부랑 꼬부랑 꼬부랑
고개는 열두 고개 고개를 고개를 넘어간다

꼬부랑 할머니

꼬부랑 할머니가 꼬부랑 ⬜⬜ 을

꼬부랑 ⬜⬜ 넘어가고 있네

꼬부랑 꼬부랑 ⬜⬜ 꼬부랑

⬜⬜ 는 열두 고개 고개를 ⬜⬜ 를 넘어간다

꼬부랑 할머니가 ⬜⬜ 길에 앉아

꼬부랑 ⬜⬜ 을 살며시 꺼냈네

꼬부랑 꼬부랑 꼬부랑 ⬜⬜

고개는 열두 ⬜⬜ 고개를 고개를 넘어간다

두 그림을 보고 다른 그림 10개를 찾아보세요.

개구리(개굴개굴개구리)

개굴 개굴 개구리 노래를 한다
아들 손자 며느리 다 모여서
밤새도록 하여도 듣는이 없네
듣는 사람 없어도 날이 밝도록
개굴개굴 개구리 노래를 한다
개굴개굴 개구리 목청도 좋다

개구리(개굴개굴개구리)

개굴개굴 개구리 ☐☐를 한다

아들 ☐☐ 며느리 다 모여서

☐☐☐☐ 하여도 듣는이 없네

듣는 사람 없어도 ☐이 밝도록

개굴개굴 ☐☐☐ 노래를 한다

개굴개굴 개구리 ☐☐도 좋다

악어떼

1.
정글숲을 지나서가자
엉금엉금 기어서가자
늪지대가 나타나면은
악어떼가 나온다
악어떼

(반복)
정글숲을 지나서가자
엉금엉금 기어서가자
늪지대가 나타나면은
악어떼가 나온다
악어떼

악어떼

[ ][ ][ ]을 지나서가자

엉금[ ][ ] 기어서가자

[ ][ ][ ]가 나타나면은

[ ][ ][ ]가 나온다 악어떼

[ ][ ][ ]을 지나서가자

[ ][ ]엉금 기어서가자

[ ][ ][ ]가 나타나면은

악어떼가 나온다 [ ][ ][ ]

꼬마눈사람

1.

한겨울에 밀짚모자 꼬마 눈사람
눈썹이 우습구나 코도 삐뚤고
거울을 보여줄까 꼬마 눈사람

2.

하루종일 우두커니 꼬마 눈사람
무엇을 생각하고 혼자 섰느냐
집으로 들어갈까 꼬마 눈사람

꼬마눈사람

꼬마눈사람

한겨울에 □□□□ 꼬마 눈사람

□□이 우습구나 □도 삐뚤고

□□을 보여줄까 꼬마 □□□

하루종일 우두커니 □□ 눈사람

무엇을 □□하고 혼자 섰느냐

□으로 들어갈까 □□ 눈사람

두 그림을 보고 다른 그림 8개를 찾아보세요.

두 그림을 보고 다른 그림 10개를 찾아보세요.

솜사탕

나뭇가지에 실처럼
날아든 솜사탕
하얀 눈처럼 희고도
깨끗한 솜사탕
엄마 손 잡고 나들이 갈 때
먹어본 솜사탕
훅훅 불면은 구멍이 뚫리는
커다란 솜사탕

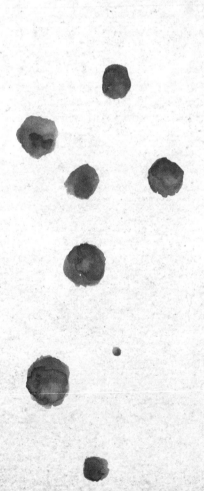

솜사탕

솜사탕

나뭇가지에 ☐처럼

날아든 ☐☐☐

하얀 ☐처럼 희고도

☐☐☐ 솜사탕

☐☐ 손 잡고 ☐☐☐ 갈 때

먹어본 ☐☐☐

훅훅 불면은 ☐☐이 뚫리는

☐☐☐ 솜사탕

도토리

1.

떼굴떼굴 떼굴떼굴 도토리가 어디서 왔나
단풍잎 곱게 물든 산골짝에서 왔지

2.

떼굴떼굴 떼굴떼굴 도토리가 어디서 왔나
깊은 산골 종소리 듣고 있다가 왔지

3.

떼굴떼굴 떼굴떼굴 도토리가 어디서 왔나
다람쥐 한눈 팔 때 졸고 있다가 왔지

도토리

떼굴떼굴 떼굴떼굴 [ ][ ][ ]가 어디서 왔나

[ ][ ][ ] 곱게 물든 [ ][ ]에서 왔지

떼굴떼굴 떼굴떼굴 도토리가 [ ][ ][ ] 왔나

깊은 산골 [ ][ ] 듣고 있다가 왔지

떼굴떼굴 [ ][ ][ ] 도토리가 어디서 왔나

[ ][ ] 한눈 팔 때 졸고 있다가 왔지

초록바다

초록빛 바닷물에 두 손을 담그면
초록빛 바닷물에 두 손을 담그면
파란 하늘빛 물이 들지요
어여쁜 초록빛 손이 되지요
초록빛 어울물에 두 발을 담그면
물결이 살랑 어루만져요
물결이 살랑 어루만져요

초록바다

초록바다

초록빛 [ ][ ][ ]에 두 손을 담그면

초록빛 바닷물에 [ ][ ]을 담그면

파란 [ ][ ][ ] 물이 들지요

어여쁜 [ ][ ][ ] 손이 되지요

초록빛 [ ][ ][ ]에 두 발을 담그면

[ ][ ]이 살랑 어루만져요

물결이 [ ][ ] 어루만져요

그림을 보고 숨겨진 물건을 찾아보세요.

그림을 보고 8개의 숨겨진 물건을 찾아보세요.

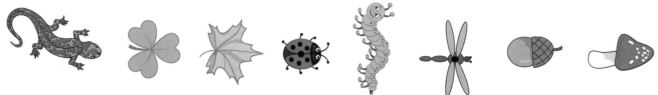

내동생

내동생 곱슬머리 개구쟁이 내동생
이름은 하나인데 별명은 서너개
엄마가 부를때는 꿀돼지
아빠가 부를때는 두꺼비
누나가 부를때는 왕자님
랄라랄라랄라랄라
어떻게 진짜인지 몰라몰라 몰라

내동생 곱슬머리 개구쟁이 내동생
이름은 하나인데 별명은 서너개
잘먹고 건강하게 꿀돼지
착하고 복스럽게 두꺼비
용감하고 슬기롭게 왕자님
랄라랄라랄라랄라
어떻게 진짜인지 몰라몰라 몰라

내동생

내동생 곱슬머리 □□□ 내동생

이름은 하나인데 □□은 서너개

엄마가 부를때는 □□

아빠가 부를때는 □□

누나가 부를때는 □□□ 랄라랄라랄라랄라

어떤게 □□인지 몰라몰라 몰라

내동생 □□□□ 개구쟁이 내동생

□□은 하나인데 별명은 서너개

잘먹고 건강하게 □□□

착하고 복스럽게 □□□

용감하고 슬기롭게 □□□ 랄라랄라랄라랄라

어떤게 진짜인지 □□□□ 몰라

봄나들이

나리 나리 개나리
입에 따다 물고요
병아리 떼 종종종
봄 나들이 갑니다.

봄나들이

나리 나리 ☐☐☐

☐에 따다 물고요

☐☐☐ 떼 종종종

봄 ☐☐☐ 갑니다.

노을

바람이 머물다 간 들판에
모락모락 피어나는 저녁 연기
색동옷 갈아입은 가을 언덕에
빨갛게 노을이 타고 있어요

허수아비 팔 벌려 웃음짓고
초가 지붕 둥근 박 꿈꿀 때
고개숙인 논밭의 열매
노랗게 익어만 가는

가을 바람 머물다 간 들판에
모락모락 피어나는 저녁 연기
색동옷 갈아입은 가을 언덕에
붉게 물들어 타는 저녁놀

노을

바람이 머물다 간 ☐☐ 에
모락모락 피어나는 ☐☐ ☐☐
☐☐☐ 갈아입은 ☐☐ 언덕에
빨갛게 ☐☐ 이 타고 있어요

☐☐☐☐ 팔 벌려 웃음짓고
초가 ☐☐ 둥근 박 꿈꿀 때
고개숙인 논밭의 ☐☐
☐☐☐ 익어만 가는

가을 ☐☐ 머물다 간 들판에
☐☐☐☐ 피어나는 저녁 연기
색동옷 갈아입은 가을 ☐☐ 에
붉게 물들어 타는 ☐☐

그림을 보고 10개의 숨겨진 물건을 찾아보세요.

그림을 보고 10개의 숨겨진 물건을 찾아보세요.

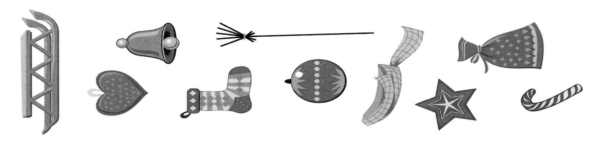

허수아비

1.

하루종일 우뚝 서있는 성난 허수아비 아저씨
짹짹짹짹짹 아이 무서워 새들이 달아납니다
하루종일 우뚝 서있는 성난 허수아비 아저씨

2.

하루종일 참고 서있는 착한 허수아비 아저씨
하하하하하 조심하셔요 모자가 벗겨 지겠네
하루종일 참고 서있는 착한 허수아비 아저씨

허수아비

하루종일 우뚝 서있는 성난 ☐☐☐☐ 아저씨

짹짹짹짹짹 아이 무서워 ☐☐이 달아납니다

하루종일 우뚝 서있는 성난 허수아비 ☐☐☐

하루종일 참고 서있는 ☐☐ 허수아비 아저씨

하하하하하 조심하셔요 ☐☐가 벗겨 지겠네

하루종일 참고 서있는 착한 ☐☐☐☐ 아저씨

옥수수 하모니카

우리 아기 불고 노는 하모니카는
옥수수를 가지고서 만들었어요
옥수수 알 길게 두 줄 남겨 가지고
우리 아기 하모니카 불고 있어요
도레미파솔라시도 소리가 안 나
도미솔도 도솔미도 말로 하지요

옥수수 하모니카

우리 아기 불고 노는 ⬜⬜⬜⬜는

⬜⬜⬜를 가지고서 만들었어요

옥수수 ⬜ 길게 두 줄 남겨 가지고

우리 ⬜⬜ 하모니카 불고 있어요

도레미파솔라시도 ⬜⬜가 안 나

⬜⬜⬜⬜ 도솔미도 ⬜로 하지요

우산

이슬비 내리는 이른아침에
우산셋이 나란히 걸어갑니다
파란우산 검정우산 찢어진 우산
좁다란 학교길에 우산 세개가
이마를 마주대고 걸어 갑니다

우산

☐☐☐ 내리는 이른아침에

☐☐ 셋이 나란히 걸어갑니다

☐☐ 우산 ☐☐ 우산 찢어진 우산

좁다란 ☐☐☐ 에 우산 세개가

☐☐ 를 마주대고 걸어 갑니다

그림을 보고 10개의 숨겨진 물건을 찾아보세요.

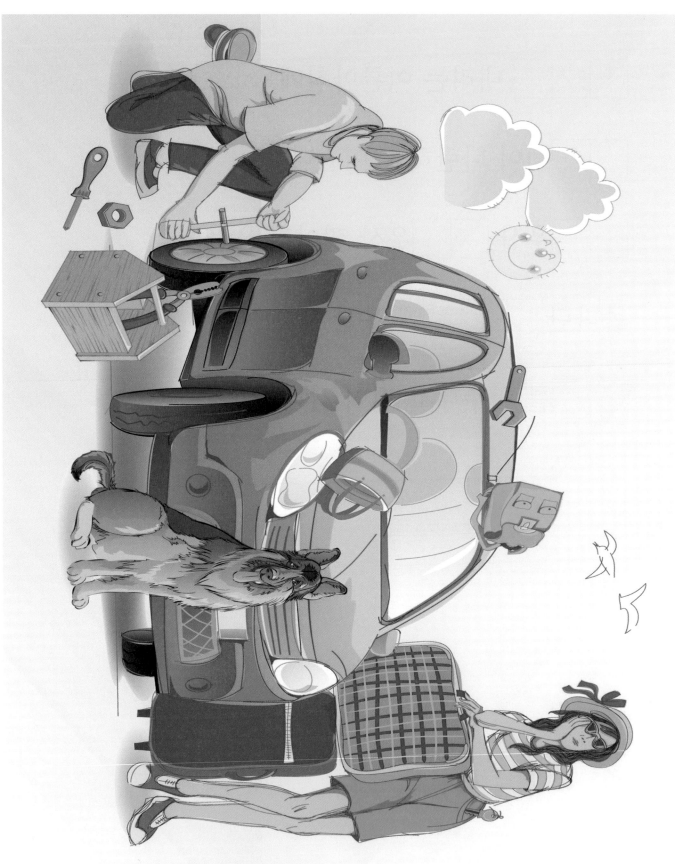

그림을 보고 10개의 숨겨진 물건을 찾아보세요.